काश !

हर्षिता राय

BookLeaf Publishing

India | USA | UK

Presentation by *BookLeaf Publishing*

Web: www.bookleafpub.com

E-mail: info@bookleafpub.com

ISBN:9789360945602

First edition 2024

प्राक्कथन

इस गुज़रती ज़िन्दगी में लाखों अफ़साने हमारे आँखों के सामने से गुज़र जाते हैं। ज़िंदगी चलती रहती है पर इंसान की कुछ ख्वाहिशें अधूरी रह जाती हैं। बचपन से लेकर जवानी और फिर वृद्धावस्था तक मनुष्य ऐसे ही अनेक ख्वाबों का पिटारा जुटा लेता है। अधिकतर हम सब जीवन में कई बार पीछे मुड़ कर देखते हैं और ऐसे ही अधूरे सपनों के बारे में सोच कर हमारे मन में एक काश की उत्पत्ति होती है। दो अक्षर का यह शब्द अपने अंदर आशा और निराशा के सैकड़ों किस्से समेट रखा है।

इस 'काश' शब्द का बहुत विशाल स्वरूप है, जिसे समझना जितना सरल है उतना ही कठिन भी है। एक व्यक्ति के जीवन में अनेक ऐसे पल आते हैं जहाँ उसकी कुछ उम्मीदें होती हैं-स्वयं से, अपने परिजनों, मित्रों से, जिस समाज में या देश में वो रह रहा उससे। जब ये उम्मीदें वर्तमान में पूरी नहीं हो पाती हैं, तब जन्म होता है एक

काश का। यह काश, हमारी निजी ख्वाहिशों से लेकर हमारी हर उस इच्छा का प्रतीक है, जो इस जीवनकाल में हमारे मन में उत्पन्न होती है।

इस संग्रह में अनेक ऐसी कविताएँ हैं जो बचपन से लेकर वर्तमान समय में मनुष्य के मन में चल रहे मौलिक द्वंदों को समेटे है और इन सब के अंत में आती है एक उम्मीद, जो ज़िंदगी में आशा की आखिरी किरण है। इन कविताओं के माध्यम से हर उस मानवीय भावना को छूने का प्रयास किया गया है जो हमारे कामकाजी जीवन में हम से अक्सर नज़रअंदाज़ हो जाती हैं। जीवन के हर एक पहलू, बचपन की याद, युवावस्था में सुकून की तलाश, जीवन कमाने में खोई हुई चाहतें, अपना परिवार बनाने में अनसुनी हुई वो दिल की आवाज़, एक युवा का एक नवयुग और नवदेश का अरमान और अंत में ज़िंदगी की ठोकरें खा कर सीखी गई सीख इन सब को एक काव्य संग्रह के रूप में समेटने का यह एक छोटा सा प्रयास है।

मेरा मानना है बहुत सी ऐसी भवनाएँ होती हैं जो हम शब्दों में अपने परिजनों से, दोस्तों से साझा नहीं कर पाते, ऐसी भावनाओं को आसानी से व्यक्त करने का माध्यम है कविता। इसी सोच के साथ अपने मन की कुछ दिलचस्प कठिन भावनाओं को मैंने अपनी कलम के माध्यम से अपनी कविताओं में उतारने का प्रयास किया है। यह संग्रह हर उस इंसान के सफर का प्रतीक है जो संघर्ष कर रहा है, अपनी कल्पनाओं को, अपने काश को, साकार करने का। अनेक कविताएँ, जो ज़िंदगी के अलग-अलग सफर पर ले जाती हैं, उनसे पार होते हुए हम अपनी आखिरी कविता काश पर पहुँचते हैं। इस आखिरी कविता के माध्यम से मैंने काश के आशा-निराशा दोनों स्वरूपों को समझाने का प्रयत्न किया है। अंततः यह पुस्तक एक छोटी सी उम्मीद है, मेरे विचारों को आपके मन तक पहुंचाने की।

जब हम गिरे, कुछ लोगों ने कमियाँ गिनाई,

कुछ मंद-मंद मुस्काए, कुछ ने हाथ बढ़ाए,

यह उन दिलों के लिए,

जिन्होंने हमारी ओर एक कदम बढ़ाया ....

अनुक्रमणिका

मेरा आसमान

चलो चले वहाँ, जहाँ

गुल्लक में खुशियाँ मिलती हैं,

इस दुनिया के झंझटों को छोड़,

ठिठोलियाँ बँटती हैं,

सच-झूठ के परे,

जज़्बातों की कीमत नहीं लगती ,

जीत की होड़ में, जहाँ

इंसानियत बाज़ारों में नहीं बिकती।

चलो चले वहाँ, जहाँ
बस सुकून का होता है बसेरा,
नदियों के पार,
रास्तों में होता न हो कभी अँधेरा,
निराशा को पीछे छोड़,
आशा का दीपक हो जलता,
ईर्ष्या से परे, जहाँ
एक दूसरे का हाथ थाम इंसान हो चलता।

चलो चले वहाँ, जहाँ
मेरे हिस्से का आसमान मिलता है,
चलो चले वहाँ, जहाँ
कल्पनाओं से परे जहान मिलता है।

कल्पनाएँ

कुछ भोली , कुछ टेढ़ी सी,
ये मेरी कल्पनाओं की उड़ान है।
अधूरी हो कर भी पूरी सी,
ये मेरी कल्पनाओं की उड़ान है।

हर एक खाली लम्हे में,
दस्तक देती है ये
चेहरे की मुस्कान बनके,
नए जहाँ की सैर पर ले जाती है,
चाँद तारों से गुफ़्तगू करवाती है।

हाँ भाई हाँ,
ये कल्पनाएँ ज़िंदगी में
एक नई तरंग लाती हैं।

छोटे बच्चे की आँखों की चमक,
तो बूढ़ी आँखों का ख़्वाब है,
समुंदर की गहराई छूना है,
तो आसमान में पंछी बन उड़ना है।
हाँ भाई हाँ,
ये कल्पनाएँ ज़िंदगी में
थोड़ा पागलपन भी लाती हैं।

युवा के जंग जीतने का अरमान,
तो पर्वत की चोटी फ़तह करना है,
दूर एक जहान बसाना है,
एक लंबे जादुई सफर पर जाना है,
हाँ भाई हाँ,
ये कल्पनाएँ ज़िंदगी में
असीम जूनून ले कर आती हैं।

कुछ भोली सी, कुछ टेढ़ी सी,

ये मेरी कल्पनाओं की उड़ान है।
अधूरी हो कर भी पूरी सी,
दुनिया से परे ये एक नया जहान है।

रण

यहाँ रण है, रण है, रण है,

यहाँ खुद का खुद से संग्राम भीषण है।

एक ही मन में अच्छाई और बुराई है,

अब अंतर्मन की पहेलियाँ गहराई हैं,

धर्म कहे अच्छाई का दामन थामे चल,

पर ज्ञात रहे, इस पथ पर बहुत कठिनाई है।

यहाँ रण है, रण है, रण है,

यहाँ खुद का खुद से संग्राम भीषण है।

एक थोड़ा छोटा, थोड़ा सरल रास्ता है ,

जिसका धर्म और अच्छाई से न वास्ता है,

यहाँ जीतने के मौके मिलेंगे बेशुमार,
पर याद रहे, बुराई का मोल न इतना सस्ता है।

यहाँ रण है, रण है, रण है,
यहाँ खुद का खुद से संग्राम भीषण है।
अच्छाई के पथ पर यह समर महान है,
मन के अँधेरे से न जीतना आसान है,
पर रोशनी के आसार में है चलना ज़रूरी,
कलयुग में चल रही यह जंग अनंत है।

यहाँ रण है, रण है, रण है,
यहाँ खुद का खुद से संग्राम भीषण है।

इंसानियत

एक दिन इंसान की इंसानियत से बहस छिड़ गई,

इंसान बोला:

न जाने क्यों, तेरे नाम पर चर्चाएँ चल रहीं,
तेरे नाम पर, नसीहतों की बौछार लग रही,
तू घमंड न कर, तुम मुझसे हो, मैं तुमसे नहीं।

यह सुनकर इंसानियत बोली:

नसीहतों को सुन, तू मेरी तलाश न किया कर,

मैं इस भटके इंसान की सोच का ही तो हिस्सा हूँ,

तेरे दिल में छुपा हुआ, एक पुराना किस्सा हूँ,

आज मैं सब में होकर भी किसी में नहीं,

मैं इंसानी जज़्बातों में खोई इंसानियत हूँ।

पहचान

मैं क्या हूँ, मैं क्या नहीं, न जाने ये कैसी है डगर,

ज़िंदगी की खोज में, ये नया सा है सफर,

जहाँ हर पल बन रही हो, एक नई सी कहानी,

उन राहों में खुद की, खुद से है पहचान करानी।

इस राह में बीते वादों की असमंजस का है शोर,

इच्छाओं का भँवर और पाबंदियों का है पहरा,

कुछ मीठी पुरानी यादों की कच्ची सी है डोर,

और जो बंदिशों में साथ दे ऐसा न है कोई चेहरा।

पर तुम्हे फ़िक्र कैसी?
तुम समुद्र की धार नहीं, नदियों की लहर हो,
पत्थरों से टकरा उड़ जाए, वो जागती सहर हो।

लहर-ए-ज़िंदगी

लहर-ए-ज़िंदगी गुज़रने को बेताब है,
जीने को बचा, बस अब एक ख़्वाब है।
तो चल पड़े हम, सीने में आग लिए,
जहाँ कशिश-ए-आरज़ू महताब है।

खोने को जब चवन्नी भी न हो बची,
मन में निराशा और खलबली हो मची।
तब पता लगा जो अभी-अभी बीता,
वो ही तो थी ज़िंदगी अच्छी।

आगे संघर्षों के पहाड़ और पत्थर बेशुमार हैं,
पर जीतने को सारा जग ,सारा आसमान है।
ऐ मुसाफिर सुन, हिम्मत की बाँह थामे चलना,

क्यूँकि सुबह होने को है, सूरज निकलने को है।

वो तारा

वो दूर टिमटिमाता एक तारा है,
भीड़ में भी वो अकेला बेचारा है।

मेरे एकाकी में मेरे साथ चलता है,
कभी-कभी बातें बेशुमार करता है।

मानो मुझे कुछ याद दिलाता है,
एक पुराना सा अफसाना गाता है।

पूछता है मुझसे हैरान हो क्यों?

माना जो सुना रहा, वो गुज़रा किस्सा है,

पर जो भी, जैसा भी था, तेरा ही हिस्सा है।

इस किस्से को छोड़ अब आगे बढ़ना है,
यादों का सामान समेटे चलते रहना है।

ये यादें कभी हँसाएगी, कभी रुलाएँगी,
मुश्किल है कि ये यादें भूल जाएँगी।

फिर मैंने पूछा और तुम?

वो बोला, और मैं....
मैं वो दूर टिमटिमाता तारा हूँ,
जो शायद फासले से ही प्यारा हूँ।

एक ढलती शाम

ढलती हुई शाम में भी,
नया सा सवेरा है।
चिड़ियों के घर में भी,
रोशनी का बसेरा है।
अमावस की रात में भी,
चाँद का नज़ारा है।

बरसों पहले बुझी आग की,
चिंगारी अब भी ज़िंदा है।
आज के दौर की हवाओं में,
हर कोई आज़ाद परिंदा है।

सत्य के लिए लड़ने में,
आज न कोई शर्मिंदा है।

किस्मत को बदलने का,
आज मौका सुनहरा है।
देश के लिए कुछ करना है,
देश प्रेम का रंग गहरा है।
अंदर की बुराई के दहन का,
आज ही तो दशहरा है।

हकीकत से परे ये,
एक जहाँ अनजाना है।
कल्पनाओं से परे ये,
मेरा सपना सलोना है।
आने वाले दौर का ये,
एक धुंधला सा चेहरा है।

न जाने क्यों ढलती हुई शाम में,
एक नया सा सवेरा है।

नवनिर्माण

युग की एक दबी हुई आवाज़ है,
जो आज चीखने को बेताब है।

इंसानी हक़्क़ों की यह गुहार है,
एक आस है, अटूट विश्वास है।

परिवर्तन की एक उम्मीद है,
जिस पर समस्याओं का पहरा है।

सियासी दावों का रंग गहरा है,
नए समाज का धुंधला चेहरा है।

अच्छा होना है, पर रास्ता अनजाना है,
आने वाले कल का आगाज़ सुनहरा है।

एक आस है, कभी न टूटने वाला विश्वास है।

ये वक़्त किसका है?

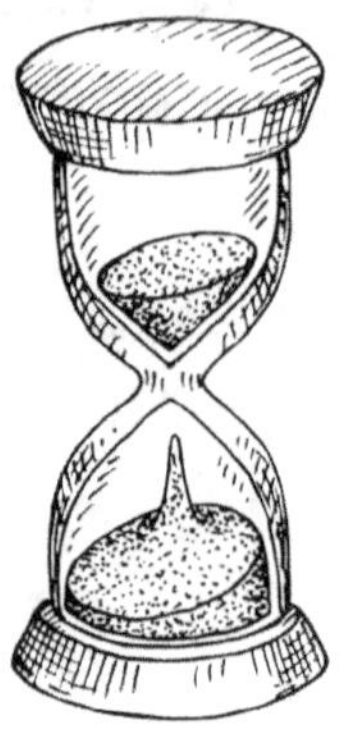

थोड़ा पुराना सा ज़माना था,
एक सुंदर सा अफसाना था।
जिस रास्ते पर भी बढ़े हम,
हर वो रास्ता जाना पहचाना था।

हारने में जहाँ शर्म न थी,
हँसने पर पाबंदियां नहीं,
दिन के घंटों पर हक़ था,
वह दौर कुछ अपना सा था।

याद आता है वह घर-घर खेलना,
वो मासूम सी बातों पर घंटों लड़ना,

हमें दिलों की दूरियों को मानो,
निश्छल लफ़्ज़ों से मिटाना हो।

वह वक़्त और ख़ुशी भी अपनी थी,

दादी के किस्सों के किरदार अपने थे।
माँ के खाने का स्वाद अपना था।
पापा की डाँट पर हक़ अपना था।

दोस्तों को मानाने के किस्से अपने थे,
गिरकर उठना ज़िन्दगी के हिस्से थे।
वो घर का रौशन आँगन अपना था ,
गुज़रा हुआ वो वक़्त अपना सा था।

पर बदला नहीं है ज़्यादा कुछ,
बस जीतने हारने की शर्म छोड़,
अपनों से प्यार की हठ करो
दिलों में जज़्बात की तलाश करो।

फिर वो वक़्त भी अपना था
ये वक़्त भी अपना सा हो जाएगा।

काश ऐसा हो जाए

काश ऐसा हो जाए,
एक सुंदर रचना,
रचने को मन गाए।
मन तो वाद्य है,
जो वादक की उँगली,
पर नाचता है।
इसे जहाँ ले बैठूँ मैं,
वह गा उठता है।

मधुर रागिनी, घर-घर ध्वनि,
अद्भुत संगम पर नाचता है,
काश ऐसा हो जाए,

मैं मुंदू नयन अपलक,
स्वप्न मेरे समक्ष,
वह चित्रपट सा बन जाए।

वही स्वप्न वही यथार्थ,
समक्ष में नीलगिरी,
परोक्ष में घर-घर करता नीलधि,
दोनों का संगम अद्भुत,
मैं बैठूँ ले इनके बीच,
वाद्य बजाऊँ, वह राग जो,
मेरे मन भाए।
काश ऐसा हो जाए।

नन्हा बचपन

एक प्यारा सा ज़माना,
वो सुंदर सा फ़साना,
बस दिल की ही सुनना,
और चलते ही जाना।

अरे वो बचपन का नज़राना,
वो चीनी-मिट्टी का खिलौना,
उनके टूटने पर टेसू बहाना,
और माँ का प्यार से मनाना।

खाना खाने में नाटक दिखाना,
वो चावल आलू के कौर बनाना,

खाने को रिश्तों के नाम से खिलाना,
उस मासूम मन का बुद्धू बन जाना।

वो लड़ाई, झगड़े, गिरना, सँभलना,
न पढ़ाई की चिंता, न हारने से डरना,
ढूंढो उसे, आज बचपन को है पकड़ना,
पकड़ के उसकी डोर उस ओर है चलना।

एक याद

एक शाम मेरे खिड़की पर,
दस्तक देने एक याद आई।
कुछ मधुर-मधुर किस्से,
हँस-हँस के वो दोहराई।

उसकी प्यारी बातें सुन कर,
मन में आशा की किरण छाई।
वर्तमान की भाग-दौड़ से दूर ,
यादों की दुनिया में वो मुझे लाई।

तभी मेरे मन की खिड़की पर,
दस्तक देने मेरी चेतना आई।
बोली, यादों के छलावे में न आना,
तुम्हे आज से दूर ले जाने ये आई।

माँ-एक एहसास

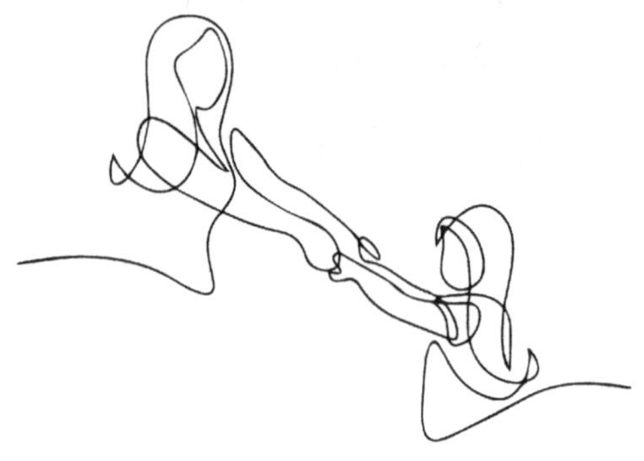

नाम नहीं एक एहसास है,
होता सबके दिल के पास है।

वो साज़ है हमारे पूरा होने का,
राज़ है हमारे गिरकर उठने का।

हमारी ख़ुशी से मुस्कान है उसकी,
जज़्बात समझने में वो न कभी चूकी।

परवाह कहाँ उसे रास्तों की,
मुसीबतों से लड़ने वो खड़ी है।

आँखों में फ़िक्र,ज़ुबान पर गुस्सा,
नाराज़गी में भी, प्यार कैद उसका।

हमारी कामयाबी से जुड़ी ख़ुशी उसकी,
भरोसा कर हम पर साथ वो है खड़ी ।

सिर्फ नाम नहीं एक एहसास है ,
वो माँ है, जो हमारी हँसी का राज़ है।

चिड़िया रानी

काश मैं चिड़िया बन पाती,

फुदक -फुदक मन बहलाती।

चूँ -चूँ कर सबको हर्षाती,

चुन-चुन कर दाना धरती से,

खोल पंख आकाश में उड़ जाती,

काश मैं चिड़िया बन पाती।

सफ़ेद-भूरी रंगों वाली,

अनगिनत घूम रही मतवाली,

घूम-घूम मेरी छत पर आती,

जिनको नहीं पहचान पाती,

संग तितली के होड़ लगाती,

काश मैं चिड़िया बन पाती।

कहाँ गई वो चिड़िया रानी,

मीठी है जिसकी वाणी,

जागरण का हमे संदेश सुनाती,

सरसता सृष्टि में घोल आती,

काश! मैं तम्हे रोक पाती,

नहीं तो मैं चिड़िया बन जाती।

खुद के नाम

मन में बेचैनी और जीवन में घनघोर घटा छाई है,
गिर-गिर कर उठने में भी एक थकान छाई है,
इस जीवन को जीने में हताशा भर आई है,
पर चलते रहना है, यह अपनों ने गुहार लगाई है।

उठो, काम पर जाओ, एक जंग लड़ घर आओ,
कल्पनाओं को दबाए, जीवन जीते चल जाओ,
रोटी कमाने को, सपनों का मोल लगाओ,
यह समुद्र सी ज़िंदगी काटते चले जाओ।

ठहरो, कुछ पल खुद के नाम करके देखो ,
खामोश दिल से, सपनों का इज़हार करो,
नदियों की चंचल लहर से मुलाकात करो,
चंद पल , सब कुछ छोड़, खुद के नाम करो।

सुकून

होश है और बढ़ने का जोश है,

पर न जाने ये दिल क्यों खामोश है।

अरे! चलने के सामने हैं रास्ते हज़ार,

पर क्या करे, अगर उड़ कर जाना हो पार।

आज खुला ये समाज की सलाहों का कोष है,

पर न जाने ये दिल अब भी क्यों खामोश है।

अरे बन जाओ कुछ और कमाओ हज़ार,

पर क्या करे कोई अगर न हो उसे ऐतबार।

अरे डॉक्टर, इंजीनियर बनने की यहाँ होड़ है,

पर ये बेचारा दिल अब भी खामोश है।

भले मिल जाए इस रास्ते पर ऐशो-आराम हज़ार,
क्या करे,अगर दिल को हो सुकून का इंतज़ार।

अरे यहाँ सुकून को समझने में ही दोष है,
इसीलिए तो ये नादान दिल खामोश है।
ये सुकून न मिलता है देकर भी हज़ार ,
ये तो मिलता है दिल की राहों में बार-बार।

तो चलो आज एक पल खुद के लिए जीते हैं,
वो दिल की धड़कनों को फिर से सुनते हैं।
सुकून की तलाश में आज खुद से मिलते हैं,
इस खामोश दिल से कुछ बातें हज़ार करते हैं।

भारत

इस चलती ठहरती दुनिया में,
एक नाम हमारा भी है देखो।
उस मुकद्दर से लड़ता हुआ,
छोटा सा जहाँ हमारा भी है देखो।

शहीदों के लहू ने सींचा जिसे,
वो हँसता हुआ कारवाँ है ये,
अतीत के घावों को भरता हुआ,
कलियों से भरा गुलिस्ताँ है ये।

तो अपनों से ही लड़ते-सँभलते ,

इस ठहरे हुए अभागे को देखो।
गिरकर उठना सीखा जिसने,
उस निडर भारत को भी देखो।

वो अंधियारे में सिमटे हुए,
भूखे नंगे वतन को देखो।
पर करोड़ों को समेटे हुए,
अखंड भारत को भी देखो।

इस धर्म मज़हब के बँटवारे में,
दुआ माँगते फ़रिश्ते को देखो।
पर हर धर्म के रंगों को समेटते ,
देश के रंग तिरंगे को भी देखो।

माना, अधखिला ही सही,
अडिग हिन्दुस्तान को देखो।
अरे मुक्कदर से लड़ते हुए,
खिलते हुए जहाँ को भी देखो।

इस चलती ठहरती दुनिया में,
एक नाम हमारा भी है देखो।

एक रंगीन देश

आज फिर एक कदम बढ़ाया है,
कुछ ख्वाबों को सजाया है,
आज रंगने अपने देश को,
फिर रंगों से हाथ मिलाया है।

सुना है राजनैतिक रंगों ने आज,
फसलों तक को जला दिया,
वो खेतों में गुनगुनाती हुई साज़,
उसे तो ज़िंदा ही लटका दिया।

किसी गरीब ने आज फिर उम्मीद खोई है,
आज भी उसका बच्चा भूखा सोया है,
तो किसी आँगन में इक माँ बहुत रोई है,

उसके बेटे ने सरहद पर जान गँवाई है।

इन सियासी हवाओं का रुख बदलना है,
देशप्रेम को तिरंगी स्याही से लिखना है,
हर मज़हब के रंगों से जो रंग बना,
याद रहे इस देश का रंग वो तिरंगा है।

चलो आज फिर एक कदम बढ़ाते हैं,
कुछ रंगीन ख्वाबों को सजाते हैं,
आज रंगने फिर एक सुनहरे देश को,
पहले एक दूसरे से तो हाथ मिलाते हैं।

एक परिंदे की मंज़िल

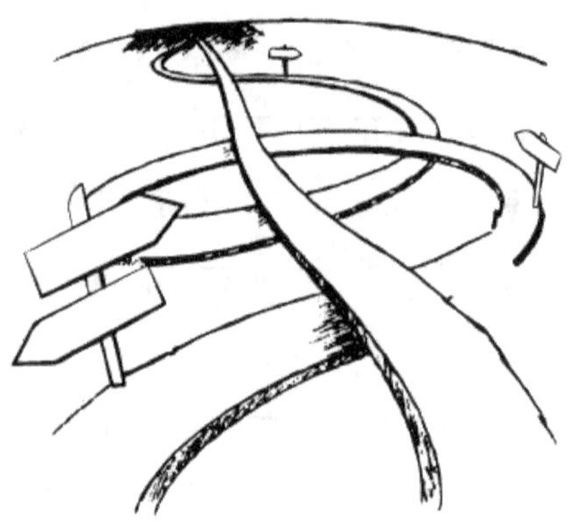

कुछ दिल में अरमान लिए,
कुछ यादों का सामान लिए,
चेहरे पर निश्छल मुस्कान लिए,
दिल में अपनों का नाम लिए,
एक परिंदा चल पड़ा था घर से...

मन में विश्वास के साथ असमंजस थी,
दिल और दिमाग के बीच छिड़ी जंग थी,
दिल को आसमान में उड़ने की ज़िद थी,
दिमाग को मजबूरियों की फ़िक्र थी,
एक परिंदा निकल पड़ा था घर से...

इस कश्मकश में मंज़िल भी धुंधला गई,
औरों को दौड़ते देख, हिम्मत भी छूट गई,
कुछ कर दिखाने की आस भी टूट गई,
चेहरे की निश्छल मुस्कान भी रूठ गयी,
एक परिंदा चल पड़ा था घर से...

ऐ परिंदे, रास्तों की परवाह न कर,
अब अपने दिल की आवाज़ को
सुन के भी अनसुना न कर,
अपने हौसलों को छोटा न कर,
एक परिंदा चल पड़ा था घर से...

तू चलते जा, मंज़िलें नज़र आती जाएँगी,
अपनों की मजबूरियाँ भी गुम हो जाएँगी,
हार के किस्से, पुराने अफ़साने बन जाएँगे,
मंज़िल का स्वागत मुस्कान से कर पाएँगे।
एक परिंदा चल पड़ा था घर से...

अपनी मंज़िल की ओर।

चाहत

हे! ज़िंदगी तुझसे कभी कुछ माँगा नहीं,
पर ये नहीं की मेरे दिल में चाहत नहीं।

चाहतों के बादल उमड़ रहे हैं मन में,
पर तूने पूछा ही नहीं क्या है तेरे दिल में।

चल आज कर देती हूँ अपने दिल को बयाँ ,
पर ख्वाहिशों को पूरा करेगी क्या?

एक बार मेरे दिल में झाँक कर देख,
है नहीं इन चाहतों में कोई फरेब।

इतना सा ख़्वाब है, मुझे मुस्कुराने का मौका दे,
भवसागर को पार करने के लिए एक नौका दे।

जो अपने चले गए उन्हें भूलने की दे ताकत,
हमेशा आगे बढ़ते रहने की दे आदत।

मेरे अधूरे सपनों को दो सतरंगी रंग,
और जीवन को दो एक नई उमंग।

टूटे हुए भरोसों को भुलाने का रास्ता दे ,
मुझे जीना सिखाने वाला एक फरिश्ता दे।

बस इतनी सी चाहत है, रे ज़िंदगी तुझसे,
ये बस पूरा कर दे, चाहे सब लेके मुझसे।

ख्वाबों के झरोखे

ये बारिश की बूँदे हैं,
या ख्वाबों के झरोखे?
दिल में कोई आस है,
दबी हुई आवाज़ है।

मंज़िल बड़ी दूर है,
हौसला मजबूर है।
रास्ते भी तो धुंधले हैं,
पर जाना ज़रूर है।

दिल में है असमंजस,
दिमाग कहे वापस चल।
पर ऐ राही तू आगे बढ़,
ज़माने को छोड़,अपनी डगर।

सपनों का भँवर हो,
और रास्ते हो हज़ार,
अपने दिल से बोलो,
कि वो माने नहीं हार।

तू सौ बार गिर कर उठ,
और हौसला रख चल,
ज़माने की न तू कर फ़िक्र,
और बस आगे को बढ़।

हौसले हालात बदलेंगे,
रास्ते भी इतिहास लिखेंगे,
ज़माने के जज़्बात बदलेंगे,
और वो बारिश की बूंदे कहेंगी

यही तो ख्वाबों के झरोखे थे,
यही दिल की थी आस,
मंज़िल थी वही जो है अब,
तेरे पास, बस तेरे पास।

आवाज़

ये कलम आजकल उठती नहीं,
उठती है तो चलती अजीब है।

ये दिल के जज़्बात भी तो,
शब्दों में सँभलते ही नहीं।

ये ज़िंदगी का चलता वक़्त,
जाने क्यों लफ़्ज़ों में सिमटता नहीं।

ये दिल की जो दबी सी आवाज़ है,
आज चिल्लाने को बेक़रार है।

ख्वाब जो बिछड़ से गए थे,
आज वो भी उड़ने को तैयार हैं।

दिल कहे अब कलम तो उठानी है,
लिखनी एक नई सी कहानी है।

तेरी ये कलम चलती तो सही है,
औरों की तरह अभी टूटी नहीं है?

ये शब्दों के उफान रोके है क्यों ?
ये दिल के जज़्बात थामे है क्यों?

धीरे ही सही पर चलना ज़रूरी है,
ज़िंदगी ठहराव से बचने से ही पूरी है।

जज़्बात

मन में चल रहा है शोर का सैलाब,

मंज़िल तक पहुँचने को है, हर कोई बेताब,

रास्ते में कोई छूट जाए, तो भी क्या?

गैरों के जज़्बातों का है यहाँ किसको हिसाब।

जब मन में चल रही हो जज़्बातों की क्रांति,

तो टूटने लगती है, गैरों के वादों की भ्रान्ति।

इरादों में हिम्मत और मन को मुत्मइन रखना,

रात अँधेरी हो तो बस खुद पर यकीन रखना।

ये हालात है या जज़्बातों का सैलाब है,
चुप रहना ये तम्हारे मन की बात है,
यहाँ पर बहुत से अनसुलझे से राज़ हैं,
शोर है कि ये एक नए कल का आगाज़ है।

रात

एक शाम मुझसे बात करने, रात आई,

समझाने लगी काली घटा है छाई,

सुन के यह , मेरी समझ थी चकराई,

उसकी बातों से लाखों पहेलियाँ गहराई।

अपने साथ दूर देश ले जाने को थी वो आई ,

कहने लगी इस संसार में बची है न सच्चाई,

सुन के उसकी बातें मेरी आँखें थी भर आई,

उसकी ये निराशा भरी बातें मुझे न थी भायी।

उस पल मेरे अंतर्मन की एक आवाज़ आई,
तेरे मन के अंधकार ने है ये कल्पना बनाई,
रात के बादसवेरे की आशा ने उम्मीद बचाई,
थामें आशा की बाहें,ज़िंदगी कोमैं गले लगाई।

नवयुग

अंत का आरंभ है,
कल का प्रारंभ है।
अग्नि है, यह ज्योति है,
कर्मो की यह खेती है।

जीवन का सार है,
ईश्वर का आभार है।
स्थिति है, यह नियति है,
परिश्रम से यह सींची है।

अद्भुत अंदाज़ है,
जीत का यह राज़ है।
भक्ति है, यह शक्ति है,
सच्चाई से यह बढ़ती है।

अनंत का आरंभ है,
नवयुग का प्रारंभ है।

काश

ये काश एक चेतना है,
अधूरी मन्नतों की वेदना है,
ये काश एक ख्वाब है,
इसके मोह में जीवन बर्बाद है।

ये काश एक अभाव है,
मनमौजी दिल का स्वभाव है,
इस काश का न कोई मोल है,
यह खुद में ही अभोल है।

ये काश एक गीत है,
एकाकी में सबका मीत है,
ये काश एक तराना है,
काम टालने का बहाना है।

ये काश एक मनमानी है,
बचपन की कहानी है,
इस काश का न कोई जोड़ है,
यह जीवन का नया मोड़ है।

ये काश उम्मीद की उमंग है,
पर आज में यह भंग है,
इस काश का न कोई अंत है,
यह तो जीवन पर्यन्त है।